国家出版基金项目
NATIONAL PUBLICATION FOUNDATION

# 记住乡愁
## ——留给孩子们的中国民俗文化

刘魁立◎主编

传统节日辑（二）

本辑主编 林继富

# 白族绕三灵

马恰予 杨之海◎编著

黑龙江少年儿童出版社

# 序

亲爱的小读者们，身为中国人，你们了解中华民族的民俗文化吗？如果有所了解的话，你们又了解多少呢？

或许，你们认为熟知那些过去的事情是大人们的事，我们小孩儿不容易弄懂，也没必要弄懂那些事情。

其实，传统民俗文化的内涵极为丰富，它既不神秘也不深奥，与每个人的关系十分密切，它随时随地围绕在我们身边，贯穿于整个人生的每一天。

中华民族有很多传统节日，每逢节日都有一些传统民俗文化活动，比如端午节吃粽子，听大人们讲屈原为国为民愤投汨罗江的故事；八月中秋望着圆圆的明月，遐想嫦娥奔月、吴刚伐桂的传说，等等。

我国是一个统一的多民族国家，有 56 个民族，每个民族都有丰富多彩的文化和风俗习惯，这些不同民族的民俗文化共同构筑了中国民俗文化。或许你们听说过藏族长篇史诗《格萨尔王传》

中格萨尔王的英雄气概、蒙古族智慧的化身——巴拉根仓的机智与诙谐、维吾尔族世界闻名的智者——阿凡提的睿智与幽默、壮族歌仙刘三姐的聪慧机敏与歌如泉涌……如果这些你们都有所了解，那就说明你们已经走进了中华民族传统民俗文化的王国。

你们也许看过京剧、木偶戏、皮影戏，看过踩高跷、耍龙灯，欣赏过威风锣鼓，这些都是我们中华民族为世界贡献的艺术珍品。你们或许也欣赏过中国古琴演奏，那是中华文化中的瑰宝。1977年9月5日美国发射的"旅行者1号"探测器上所载的向外太空传达人类声音的金光盘上面，就录制了我国古琴大师管平湖演奏的中国古琴名曲——《流水》。

北京天安门东西两侧设有太庙和社稷坛，那是旧时皇帝举行仪式祭祀祖先和祭祀谷神及土地的地方。另外，在北京城的南北东西四个方位建有天坛、地坛、日坛和月坛，这些地方曾经是皇帝率领百官祭拜天、地、日、月的神圣场所。这些仪式活动说明，我们中国人自古就认为自己是自然的组成部分，因而崇信自然、融入自然，与自然和谐相处。

如今民间仍保存的奉祀关公和妈祖的习俗，则体现了中国人崇尚仁义礼智信、进行自我道德教育的意愿，表达了祈望平安顺达和扶危救困的诉求。

小读者们，你们养过蚕宝宝吗？原产于中国的蚕，真称得上伟大的小生物。蚕宝宝的一生从芝麻粒儿大小的蚕卵算起，中间经历蚁蚕、蚕宝宝、结茧吐丝等过程，到破茧成蛾结束，总共四十余天，却能为我们贡献约一千米长的蚕丝。我国历史悠久的养蚕、丝绸织绣技术自西汉"丝绸之路"诞生那天起就成为东方文明的传播者和象征，为促进人类文明的发展做出了不可磨灭的贡献！

小读者们，你们到过烧造瓷器的窑口，见过工匠师傅们拉坯、上釉、烧窑吗？中国是瓷器的故乡，我们的陶瓷技艺同样为人类文明的发展做出了巨大贡献！中国的英文国名"China"，就是由英文"china"（瓷器）一词转义而来的。

中国的历法、二十四节气、珠算、中医知识体系，都是中华民族传统文化宝库中的珍品。

让我们深感骄傲的中国传统民俗文化博大精深、丰富多彩，课本中的内容是难以囊括的。每向这个领域多迈进一步，你们对历史的认知、对人生的感悟、对生活的热爱与奋斗就会更进一分。

作为中国人，无论你身在何处，那与生俱来的充满民族文化DNA的血液将伴随你的一生，乡音难改，乡情难忘，乡愁恒久。这是你的根，这是你的魂，这种民族文化的传统体现在你身上，是你身份的标识，也是我们作为中国人彼此认同的依据，它作为一种凝聚的力量，把我们整个中华民族大家庭紧紧地联系在一起。

《记住乡愁——留给孩子们的中国民俗文化》丛书，为小读者们全面介绍了传统民俗文化的丰富内容：包括民间史诗传说故事、传统民间节日、民间信仰、礼仪习俗、民间游戏、中国古代建筑技艺、民间手工艺……

各辑的主编、各册的作者，都是相关领域的专家。他们以适合儿童的文笔，选配大量图片，简约精当地介绍每一个专题，希望小读者们读来兴趣盎然、收获颇丰。

在你们阅读的过程中，也许你们的长辈会向你们说起他们曾经的往事，讲讲他们的"乡愁"。那时，你们也许会觉得生活充满了意趣。希望这套丛书能使你们更加珍爱中国的传统民俗文化，让你们为生为中国人而自豪，长大后为中华民族的伟大复兴做出自己的贡献！

亲爱的小读者们，祝你们健康快乐！

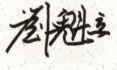

二〇一七年十二月

# 目 录

绕三灵是白族的重要节日

## | 绕三灵是白族的重要节日 |

"绕三灵"是云南大理白族人民每年都会过的一个传统节日。

白族拥有众多的人口、悠久的历史与灿烂的文化。白族人民主要聚居在我国的云南省西部地区——以洱海为中心的大理白族自治州，也有少部分分布在我国的贵州、湖南、四川等地。

大理风景秀丽，气候宜人，横亘在西面的苍山巍峨雄壮，像新月一样的洱海风光旖旎。

大理也是云南最早的文化发祥地之一，是孕育白族文化的摇篮，素有"文献名邦"之称。著名的大理古城浓缩了白族文化的精华。大理古城历史悠久，优雅古朴，蕴含着浓厚的人文气息。天气晴朗时，洱海上风平浪静，和风煦煦，不时有渔民在此泛舟捕鱼，远处挺拔俊秀的苍山上覆盖着皑皑白雪，湖光山色交相辉映，在此美景的衬托下，大理古城别致的人文风光被展现得淋漓尽致。其中，最引人称道的便是"风花雪月"四大景观，即"下关风""上关花""苍山雪"和"洱海月"。古城、苍山、洱海构成了一幅如诗如画的美丽画卷。

白族在发展的过程中，吸取了其他民族的先进文

│ 大理古城 │

化，形成了具有本民族特色的丰富多彩的文化体系。公元937—1094年以白族为主体民族的大理国在云南建立了。大理国的文化继承和发展了唐代的南诏文化。

南诏国（公元738—902年）是崛起于云贵高原的古代王国。隋末唐初，洱海地区部落林立，其中有六个实力较强的部落，统称为"六诏"。有一个部落名叫蒙舍诏，位于其他部落的南面，因此，也被称为"南诏"。在唐王朝的支持下，南诏先后征服了西洱河地区的其他部落，统一了洱海地区。后来，唐玄宗将南诏国国王皮罗阁册封为云南王。在皮罗阁的领导下，南诏文化不断发展壮大，为今天白族文化形成奠定了基础。

历史上，白族曾自称为"白子""白尼""白伙"，这几个称呼在汉语中是指"白人"的意思。1956 年 11 月，根据广大白族人民的意愿，正式确定"白族"作为其统一族称。

白族是一个聪慧、勤劳的民族，自古以来，白族生活过的地区，不仅经济发达，文化也很繁荣。白族拥有自己的语言和文字，最初他们借用汉字来记录大事小情，到南诏中后期，又通过增减汉字笔画或仿照汉字的造字法，将汉字偏旁部首组合成字等办法创造出了白文，用来书写本民族的语言，这种文字历史上又称为"僰文"。

心灵手巧的白族人民使得白族的文化艺术表现形式也丰富多彩，名扬古今中外。白族的雕刻和绘画艺术之所以受到人们的喜爱，得益于技巧的高超和作品的精美；

| 白文大帛曲曲本 |

| 白文民歌
歌本 |

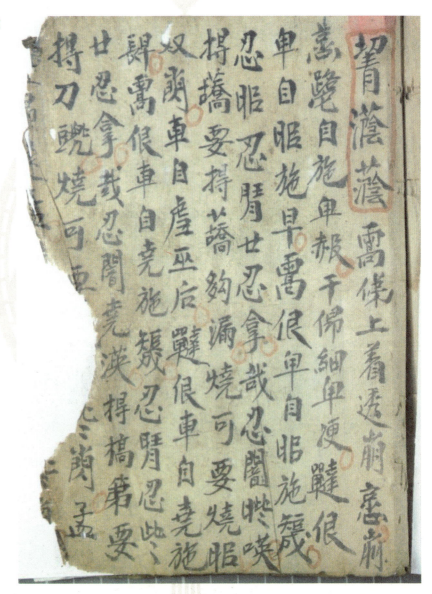

白族的扎染也是人们争相购买的商品，独特的制作工艺让布料变得既美观又实用。还有四合五天井、三坊一照壁等建筑格局，无不显示着千百年来白族人民的生存智慧。

白族还是一个能歌善舞的民族，天性乐观的白族人民喜欢以歌舞传情。带有民族特色的"霸王鞭"舞蹈，以及一年一度的石宝山歌会，吸引着全国人民的目光。

白族的节日同样多姿多彩，诸如"蝴蝶会""火把节""三月街""绕三灵"……都是有着悠久历史和独特民族风情的节日。

绕三灵是大理白族人民在每年都会进行的春游、祈雨和歌舞等盛大活动的传统

| 白族扎染 |

节日，在漫长的发展过程中，因为传说不同，还拥有许多其他名称，如"绕山林""绕桑林""祈雨会""观上览"等。每年的农历四月二十三日到四月二十五日，白族人民都举办大型的节日欢庆活动，活动的内容丰富多样。在这三天中，当地的白族人民一路游行，要走四十多千米的路程，到多个寺庙祭祀，向神灵祈求农作物丰收。在游行的过程中，人们唱着具有民族特色的民歌，跳着活泼热烈的民族舞蹈，一路慢行，连续狂欢三天。因此，绕三灵既是白族盛大的歌舞会，也是白族人民的狂欢节。

| 洱海美景 |

拥有一千多年历史的绕三灵作为白族人民的重大节日，向我们展示了独特的民族风情和文化。2006年5月20日，经国务院批准，白族的绕三灵被列入《第一批国家级非物质文化遗产名录》。

｜洱海和大理三塔｜

| 千寻塔 |

为什么叫『绕三灵』

## | 为什么叫 "绕三灵" |

"绕三灵"是汉语译称，白语为"观上览"或"国上览"。"观"是"闲逛"或"游览"的意思，"上"则是"桑"的意思，指的是桑树，而"览"代表的是"园"，即园林、花园的意思。所以，将白语"观上览"翻译为汉语，便是"逛桑林"的意思，可见绕三灵的形成最初是与桑林有关的。

绕三灵最初的形态是一种与汉族祭"社"风俗相似的活动。在生活水平极其低下的原始社会末期，人口稀少，繁衍后代成了当时人们最重要的事。于是，人们常常定期举行聚会，这些聚会被称作"社"。"社"为青年男女提供了交往的机会，同时，也是庆祝丰收、商讨大事的重要场合，具有不可替代的作用。举行"社"时，人们都围着篝火喝酒、唱歌、跳舞，姑娘们大胆地追求自己爱慕的男子，英俊的小伙儿也为心爱的姑娘送上鲜花，"社"也因此促成了许多桩美满的婚姻。白族的绕三灵正是"社"的产物，最初是以男女社交和繁衍后代为目的的。

从表面上来看，"社"和桑树好像没有什么关系，那为什么这个节日叫"逛桑林"呢？其实这和"社树"

有关。举行"社"的地点通常是固定的。而"社树"是立在场地中心的树，它被认为是神圣不可侵犯的。在古人的观念中，桑树有着神奇的力量，是神木，因此，桑树常常被当作"社树"。在举行"社"时，人们首先要在巫师的带领下祭拜"社树"，向掌管婚姻和生育的神灵许愿，请求他们赐予部落里年轻人美满的婚姻和

| 桑树 |

聪明的子嗣，以延续香火。同时，桑林也为热恋中的男女提供了独处的空间，让他们可以不受旁人的打扰，尽情地谈情说爱。这便是逛桑林的由来之一。

白族人民也用自己的故事解释了桑树对于他们的重要性。

传说在很久很久以前，一场灾难降临在大理，滔天的洪水将所有的村寨都淹没了，人们不是被冲走，就是被溺死，一对兄妹爬上了庆洞村村头的大桑树，得以幸存下来。洪水退去后，兄妹俩发现这世上一个人都没有了，只剩下他们二人相依为命。如果他们不结婚生子，等他们去世后，人类就会灭绝了。于是他们结了婚，并且诞下了许多孩子。过了若

干年后，这里的人丁又慢慢变得兴旺起来，大理才又重新繁荣起来，白族才得以延续。后来，为了感谢那棵拯救了白族的桑树，白族人民便将它拜为神树。所以，白族人民从不砍伐桑树。

在绕三灵游行的歌舞队伍中，一定能看到在前面引路的两位老人，他们手中拿着柳树或桑树的枝条，这一习俗来源于他们对桑树的崇拜。最初用来引路的树枝只有桑树枝，但是后来由于桑树比较难找，再加上养蚕需要用到桑叶，就渐渐换成了柳树枝。到了现在，人们一般只拿着柳树枝来引路。

另一个名称"绕山林"的由来，则是因为这一节日发展到后期，祭"社"风俗也有了改变，人们只记得节

日时歌舞狂欢的景象，而逐渐忽视了桑林的重要意义。各种各样的活动也不断添加到节日中，丰富了这个节日的内容，狂欢的氛围变得越来越浓厚，绕山林最初的缘由渐渐被人们遗忘了。后来逛桑林也就逐渐被理解为绕着山林去唱歌跳舞的"绕山林"。

白族有一个关于"苍山神"的传说，讲的其实就是这种古老的祭"社"风俗是如何演变为绕山林的。

相传，在很久很久以前，大理还是一片一望无际的汪洋大海，白族的祖先居住在苍山之上，靠打猎和采野果为生，还没有学会如何种植农作物，过着极其简单的原始生活。恶劣的环境使得他们的生活很艰难。所以，每当猎捕到体形较大的猎物时，他们就会非常快乐，认

| 大理美景 |

为这是居住在苍山上的神灵帮助了他们，人们便把这赐予了他们恩惠的神灵奉为"苍山神"。于是白族的祖先们便欢聚在山林之间，围在一起，燃起熊熊的篝火，烤着自己打猎得来的猎物，一边吃着喝着，一边唱着跳着，在山林里尽情地歌舞玩乐，以感谢苍山神的恩惠，并祈求能继续得到神灵的保佑。这种习俗流传下来，便成了一个载歌载舞的节日——绕山林。

在古时，人们对这个世界的认识还不够，再加上人们无法精准预测天气的变化，一旦遇到天灾，基本就完全没有办法应对。因此，远古时期的人类既崇敬自然，又畏惧自然，并认为刮风下雨、电闪雷鸣这样的自然现象都是由神灵在掌控着。所以，人们的许多活动都与神灵有着紧密的联系，绕三灵也与此有关。最初祭"社"时，主要活动之一便是祭祀神灵，庆祝丰收，这既是感谢神灵赐予的收成，也是向神灵祈愿，请求来年依旧风调雨顺、五谷丰登。对于以农业为主要生产方式的白族来说，雨水是影响农作物收成的最主要因素。所以，人们在栽秧之前举办绕三灵，以此祈求神灵降雨。因此，绕三灵也叫作"祈雨会"。

白族人民生活的地区充满着浓厚的宗教色彩，佛教、道教等宗教都在白族人民的日常生活中留下了印记。此外，他们还信仰一种独特的本主教，这是白族的本土宗教。所谓"本主"，即"本境之主"，白语叫"武增"，他是一个村子或一方土地的保护神。

白族的本主有很多，几乎每个村子都有属于自己的"本主"，也有几个村子共同供奉一个本主的情况。虽然每个村子信仰的本主并不相同，但是信奉的目的都是祈福免灾。每个本主几乎都有自己的封号和传说故事，并且他们的身份与来历各不相同。有的是自然的化

|寺庙|

身，如石岩本主；有的是白族人民的英雄，如舍身杀蟒的英雄段赤城；还有的是帝王将相，如白王张乐进求；还有汉族的官员，如李宓。在白族人民的观念中，只要是为百姓做过好事的人，不论身份如何，都可以被列为本主之一，受到人们的供奉。白族人民在这些本主的故事和传说中不断地歌颂其美好的品质，用来教育子孙后代。

在白族人民的生活中，每当遇到婚丧嫁娶、生儿育女等大事时，都要到本主庙去祭拜，祈求得到本主的保佑。在建有本主庙的地方，一般都在农历的年初、年底或本主生日时，举行盛大的庙会，白族人民称之为"本主节"。人们在这一天虔诚祭祀，热烈欢庆，祈求本主继续保佑这一方土地上的人们无疾患、五谷丰登、六畜兴旺，而绕三灵也是祭祀"五百神王"段宗榜的庙会。

自古以来，许多书籍中都有关于绕三灵的记载，但对于这一节日的名称，却一直没有一个统一的说法。随着时间的推移，绕三灵的绕行路线逐渐固定下来，祭祀神灵的环节也主要围绕着三个本主庙展开。因此，到了清代，逐渐有文人用绕三灵这三个字取代了其他的写法。百姓们也将绕三灵的由来与本主的故事结合起来，解释节日时要到这三个本主庙去祭祀的原因，并将这三个本主庙称为"三灵"。渐渐地，这一名称就固定了下来，并且沿用至今。

现在，大家公认的三灵指的是三个地方：第一个是位于大理古城西、三塔寺旁的"佛都"——崇圣寺；第二个是位于苍山脚下的庆洞村的"神都"——圣源寺；第三个是位于洱海西北岸的"仙都"——洱河祠。这三个有着久远历史的寺庙，在白族人民心中占有非常重要的地位。

绕三灵的传说有哪些

# | 绕三灵的传说有哪些 |

在大理白族地区至今还流传着许多跟绕三灵有关的传说，这些传说在某种程度上解释了绕三灵的起源。

## 1.白王寻子的传说

相传，古时有一位贤明的君王，人们称他为"白王"，因其为人正直、处事公正，百姓们都非常爱戴他。有一天，白王最喜欢的儿子不见了，他十分着急。百姓们知道这件事情后，便自发地聚在一起，不分昼夜地沿着洱海寻找，想要帮白王找到他的儿子。大家拄着用杨柳树枝做的拐杖，一路上不断地大声喊着王子的名字，可是却始终没有找到他。失去儿子的白王悲痛不已，百姓们也感到十分伤心，然而他们并没有放弃，仍年复一年地坚持着帮助白王寻找儿子。久而久之，帮助白王寻找儿子的人变得越来越多，队伍也越来越壮大，最后就形成了我们现在所看到的绕山林的队伍。

这个传说也有另外一种说法，据说在白王华丽的宫殿旁，栽有三片茂密的桑树林，平民百姓是不允许随意进入的。后来白王的儿子跑到桑树林里玩耍，迟迟未归，心急如焚的白王便下令让百姓们进入桑树林中帮他寻找儿子。百姓们进入桑树林后，一边遵照白王的命令，大声呼唤王子的名字，一边借这个机会参观美丽的桑树林。后来，白族人民用这个传说来解释绕桑林的由来。

### 2. 龙王降雨的传说

传说在古时候，大理曾经遭遇过一场大旱。连续几年，天上都没有下过一滴雨，地里的庄稼无法成活。百姓们被逼无奈，派人来到了一个叫作"龙凤村"的地方，在龙凤村的龙王庙里祈求龙王为他们降雨，解救苍生。龙王看到百姓们可怜的样子，十分同情他们。可是，龙王只有得到玉皇大帝的指令后才能为他们降雨。心地善良的龙王偷偷告诉百姓们，在苍山的山顶上，有两位正在下棋的仙人，只要

能找到这两位仙人，就能得到求雨的办法。

百姓们历经千难万险后，终于来到了苍山的山顶上，找到了两位仙人。两位仙人被百姓们的诚意打动了，就告诉他们，用柳树叶向洱海中泼三次水，天上就会降下雨来。不料百姓们因为求雨心切，回到家乡后，竟然用柳树叶向洱海中泼了十八次水。只见天空中乌云密布，暴雨骤降，虽然旱灾得到了缓解，但迟迟停不下来的暴雨又引来了水灾。

这场大雨惊动了玉皇大帝，龙王知道自己闯下了大祸，忙让百姓们到庆洞村建国皇帝那里去哭诉自己的遭遇。当玉皇大帝因大雨问罪龙王时，龙王便辩解说是百姓要求行雨的。玉皇大帝听

到了百姓的哭诉，知道事情果真如龙王所说的那样，便赦免了龙王的罪责，并对龙王下旨说，以后凡是遇到百姓求雨，龙王可以直接为他们降雨，无须等候自己的命令。

此后，在每年农历四月二十三日至四月二十五日，大理地区的人们在栽秧之前，都会先祭祀龙王，当地的人们还会组织一些大型的祈雨活动。人们用载歌载舞的方式来取悦龙王，向他祈求风调雨顺。所以，绕三灵也被认为是由白族人民的祈雨活动演变而来的。

### 3. 神王显灵助降雨的传说

还有一个祈雨传说与前文中所提到的建国皇帝有关。传说建国皇帝逝世后，百姓们感到十分悲痛。于是在他下葬的那一天，也就是农历四月二十三日，白族人民身着白衣、头戴白帽，用系了白布条的柳树枝作引路幡，前往庆洞村为他哭悼，并为他摇幡招魂。到了晚上，人们迟迟不愿离去，都想替他守灵，困了就在他的灵位前铺些草睡一觉。人们还许下诺言，除了要为建国皇帝连守三年灵外，还要为他修建庙宇、设立祠堂，让子孙后代永远纪念他。之后，前来祭拜建国皇帝的人越来越多，为了遵循守灵三年的承诺，人们通常要连着来三年，因而也有人称绕三灵为"绕三年"。

有一年，大理大旱，土地干涸龟裂，无法种植庄稼，百姓们感到焦急不安。祭拜建国皇帝时，百姓们请求他降下大雨。当天晚上，建国皇帝就显灵了，他来到百姓中间，赐给人们一个宝葫芦，叫他们到河矣城村的本主庙去找洱河灵帝段赤城。百姓们拿着宝葫芦找到了段赤城，段赤城往他们的宝葫芦中装满了洱海里的水，叫他们带回去。到了栽种秧苗的时候，天上果然下起了雨。各村各寨的秧苗都得到了灌溉，这一年白族的百姓们栽种的庄稼获得了丰收。从此每年人们都要举行"绕三年"的活动，以求建国皇帝降雨保佑庄稼丰收。

### 4. 金姑的传说

在农历二月初，大理洱海西边的各村妇女就要到巍山去接金姑和她的丈夫细奴逻回大理，与白族人民共同欢度绕三灵。这就是白族人民在绕三灵之前的另一个非常重要的活动——接金姑。这个活动和绕三灵密切相关。金姑被白族人民奉为"爱情之神"。

相传在唐朝时，曾受唐高宗封赐为首领大将军的大理白王张乐进求，虽贵为部族之王却膝下无子，只有三个美丽的女儿，三位公主就像三朵山茶花一样美丽。其中三公主叫金姑，在三姐妹中，金姑长得最美，她不仅心地善良、聪明能干，还能歌善舞，非常讨人喜欢。金姑常常跑出宫门到山野田间玩耍，与很多农家儿女交上了朋友。放牛娃中时常能见到她的身影，采桑姑娘中常常传来她的笑声。农忙时节，田间地头还能见到她为乡亲们送水。"金姑……金姑……"，山野、田间、河畔，常听到百姓们呼唤她的名字，大家似乎都忘了她是三公主。

不幸的是，金姑在白王眼中却是个不守家规的野丫头。为此，她常常受到白王严厉的训斥。更令白王感到愤怒的是，自己多次打算给金姑选驸马，她却执意不从。于是，父女之间的矛盾愈演愈烈。某年仲春时节，苍山洱海之间一片桃红柳绿、莺歌燕舞的景象。金姑清早起来梳洗后，想到外面去观赏春景。可是在出门时不小心绊了一下，绣花鞋被跌掉了，扎脚带也踩松了，她于是就坐在堂屋左边的门槛上整理鞋子。这一幕恰巧被白王看见了，他狠狠地训斥了金姑一番。金姑感到既委屈又恼怒，于是便赌气离家出走了。

盛怒之下白王下令，谁要敢为金姑求情或者收留金姑，将受到严厉的惩罚。当地百姓为此感到十分难过。

离开家的金姑伤心地沿着村寨间的小道向南走去。在昏沉的夜色中，饥寒交迫的金姑一路跌跌撞撞，弄得自己满身伤痕。最终，疲惫不堪的金姑终于支撑不住，昏了过去。后来，她被一个年轻剽悍、武艺高超的猎人救了，猎人带着金姑回到了自己的家，金姑怀着感激之情嫁给了猎人。这个猎人后来被推选为蒙伙部族的首领，也就是后来的南诏王——细奴逻，他的孙子就是统一了六诏的云南王皮罗阁。

金姑离家的几年里，白王因为多次在梦中被神灵提示，加上他的妃子和大臣们不停地劝解，百姓们也不断求情，最后终于同意接金姑和驸马回来。这个喜讯一经传开，白族的男女老少欢呼雀跃，争相加入到了迎接金姑的队伍之中。金姑回来后，父女俩达成和解，度过了一段愉快的时光。直到农历四月二十三日绕三灵时，大家才穿上盛装，唱着歌、跳着舞，沿着洱海把金姑送回巍山。之后金姑每年都要回一趟家，看望父王和百姓，百姓们也每年都按时自发地接送金姑，就这样，"接金姑"的习俗便一直流传了下来。直到现在，大家出发接金姑的日期、时辰也还是当年金姑离家出走时的日期和时辰，走的也是当年金姑所走的路线。

每年的绕三灵节前，白族人民必须先到巍山天摩牙寺，去接金姑回来。"天摩牙"是白语，意为"王母住所"，相传是南诏王室专门修建的供奉金姑的寺庙。农历二月初九，庆洞村圣源寺钟鼓齐鸣，香烟弥漫，当地百姓们在神灵前虔诚地叩拜和祈祷之后，接金姑的队伍便出发了。人们在农历二月十一日到达巍山天摩牙寺。农历二月初十、二月十一日这两天，大家都只能吃素食，以表示对金姑的敬重。农历二月十三日在金姑庙里举行过庄严的仪式后，人们就接出了金姑和驸马公。在举行仪式时，各村的老人们还聚在一起，诵念各式经文，虔诚地迎接金姑的到来。民间流传的各式《接金姑经》，正是伴随着这一习俗而产生的。

《接金姑经》中清晰地展现了人们接金姑的路线及与之相关的一些习俗，也反映了白族人民对于金姑的喜爱和敬重。金姑是白族的本主之一，因此也是绕三灵时当地人们祭拜的主要对象之一。

到了农历二月十四日这一天，在鼓乐、鞭炮声中，浩浩荡荡的队伍返回庆洞村。在归途中，但凡经过桥、沟或是岔路口，人们就会焚香、烧纸钱，并呈圆圈状地撒下粮米，祈祷祝愿。接金姑的人群中，有手拄拐杖的婆婆、娇俏可爱的年轻姑娘、身强力壮的小伙子，还有不少小孩儿。一路上，沿线村庄的白族乡亲们不时加入其中，队伍逐渐壮大，大家都愿意为接金姑贡献一份自己的力量。回到圣源寺后，人们将金姑的神位安放在白王的神像旁，并向他禀告一路上遇到的大小事宜。

传说当年细奴逻因为面貌丑陋害怕见白王而先回到了巍山，因此，在农历三月初三——也就是送金姑的这一天，当地百姓要先送驸马回巍山。到农历四月二十三日，即绕三灵到来之时，人们再送金姑回到大理城隍庙，到了四月二十五日时，人们再将她送回巍山天摩牙寺。

虽然南诏国已随历史尘封，但是美丽动人的金姑的传说却在民间一代又一代地流传下来，金姑也成为白族人民心目中最受尊崇的"爱情之神"。千百年来，无数向往自由爱情的白族女性都以能够亲自参与接金姑的活动而感到无比自豪。很多白族女性从二十多岁开始便参与接金姑，直到八九十岁时，还要拄着拐棍，到村口来迎接她们的爱情之神。

| 石碑 |

绕三灵在哪里举行

## | 绕三灵在哪里举行 |

每年农历四月二十三日到四月二十五日，大理周边，洱海周围各个村寨的白族群众，纷纷身着盛装，以村为单位，组成一支支歌舞队，先后前往"佛都"崇圣寺、"神都"圣源寺和"仙都"洱河祠祭祀神灵。

在大理有一句俗语："三日逛北，四日逛南，五日返家园。"说的就是绕三灵三天的活动与行进路线。通常，人们在第一天先赶到三塔脚下的崇圣寺，燃香祭拜之后，人们跟随自己所在的队伍，边走边唱，边走边舞，前往圣源寺。在祭拜过"五百神王"之后，稍作休

| 大理古城 |

息。第二天一早，他们又载歌载舞地向南方前进，来到洱河祠。第三天沿着洱海西岸，绕回崇圣寺，祈祷上苍保佑山川太平、天地安宁后，在寺旁的马久邑村散会，回到各自的家中。

## 崇圣寺

作为"佛都"的崇圣寺是三个寺庙中名气最大、也是最广为人知的一个，它位于大理古城北面约一千米的地方，东面对着洱海，西面靠着苍山，依山傍水，环境十分优美。崇圣寺因寺中的三塔而闻名于世，它是云南现存的最古老的建筑物之一，也是大理著名的景点之一。三塔由一大二小三阁组成，大塔叫作千寻塔，因为外形酷似一支笔，当地百姓都称它为"文笔塔"。在三座塔中，大塔处在中间的位置，两座小塔在南

| "佛都"崇圣寺 |

北映衬着它，形成了一个三角形。

绕三灵举行的第一天，从洱海之滨赶来过节的白族群众全都汇集在三塔脚下的"佛都"崇圣寺，燃香祭拜后，再载歌载舞地赶往下一个地方。而三座塔就像三支巨大的笔一样矗立在地面上，把大理古城点缀得分外壮丽，也为苍山和洱海增添了不少风光。长久以来，崇圣寺三塔已经成为大理的象征，是白族人民心中的圣地。

## 圣源寺

圣源寺位于大理喜洲镇庆洞村的西面，距离大理古城大约有 20 千米的路程，与崇圣寺一样，也是规模较大的佛教建筑群。

圣源寺最初建于隋朝末年，具有非常浓厚的白族建筑风格，距今已经有一千三百多年的历史。但因曾经遭遇过重大水灾，圣源寺宏大的建筑群已不复存在，现在只剩下神都、圣源寺、观音堂三座建筑。圣源寺正殿的木格子门上的浮雕，不仅做工精细、图案精美，还有极高的艺术价值。这二十扇浮雕雕刻的是古时白族人民建立国家的故事，即"白国因由"的传说。每一幅图上还刻有简要的文字说明。

在圣源寺北面，还有一座叫作"神都"的庙宇。神都是大理一带较为典型、也很有名气的白族本主庙，白族人民称神都为"中央皇帝庙"或"建国神宫"，称庙里的本主神为五百神王。他们认为这位神王统率着周围71个村庄的本主，他的神号是"灵镇五峰建国皇帝"。

| 石雕 |

这个"中央皇帝"非同一般，传说他是观音的助手，本是西天的护法神，称号为"五百神王"，在帮观音收服了罗刹后，观音把他留在了人间，封他为大理的"建国皇帝"，他的都城就设在庆洞村。不仅如此，观音还把五百神王的阵前大将五百金鸡封为其他各村的本主，让他们掌管各村的大小事宜。

建国皇帝除了教百姓种植桑树和柳树之外，还教他们如何耕田种地、养蚕织布，让百姓们过上了安居乐业的生活。每到农历四月采摘桑叶的时候，人们就欢聚在庆洞村，和建国皇帝一起，一边采摘桑叶，一边唱歌跳舞，唱累了、跳乏了，就把柳树枝折下来，编成帽子戴在头上遮阳。建国皇帝去世后，

当地的百姓为了纪念他，每到农历四月耕种之前，就前往庆洞村的建国神宫进行朝拜。

在大理其他地区，关于五百神王和建国皇帝还有另一种说法，据说这位"本主"前身其实是大理古代南诏时

| 壁画 |

期的皇帝段宗榜，他是大理段氏王族的远祖。传说这位皇帝不仅拥有非凡的本领，还广施仁政、造福万民。因此人们亲切地称他为"爱民皇帝"。

相传在农历四月二十三日这一天，"建国皇帝"带着家人和群臣到五台峰祭祀敬香，不幸的是，这位受到万民敬仰的"建国皇帝"突然暴病而亡。大理的百姓听到这个消息后感到十分哀痛，为了悼念他，就在五台峰为他修建了这座圣源寺，还在寺中立了一座他的神像。大家都拿着"丧棒"，抬着各种祭祀用的东西，去崇圣寺、圣源寺和洱河祠，绕行三天三夜，哭着为他奔丧。此后，每逢建国皇帝的忌日，大家都以这种方式来祭拜他，但是日子久了，大家觉得应当以另一种方式去歌颂他。此后，人们也用这两个传说来解释绕三灵的由来。

在另一个传说中，建国皇帝又变成了白王张乐进求。不论这个五百神王究竟是谁，我们可以看到的是白族人民对他的敬佩和爱戴。

现存的圣源寺本主庙是清代时期重建的，原先门前还立有一座木牌坊，上面悬挂的匾额上写着"神都"两字，两边还题有楹联：本是为民祈雨泽，主乎斯土享馨香。这是说，本主的力量是用来庇佑一方土地，使这个地方风调雨顺、五谷丰登的。因此，作为供奉五百神王的"神都"，自然也是"绕三灵"的中心之一，在白族人民的心中有着十分重要的地位，在许多白族人民眼中，所谓"绕三灵"，其实也是祭祀五百神王的庙会。

## 洱河祠

"仙都"洱河祠位于大理喜洲镇东边的河矣城村，一些典籍中，也写作"洱河神祠"。洱海在古时曾被称为西洱河，而立于洱海边的洱河祠，正因此得名。洱河祠也是白族本主庙之一，供奉的是大理另一个有名的本主——洱河灵帝段赤城，他是白族著名的斩杀蟒蛇的大英雄。

传说大理绿桃村有一个姑娘在溪边洗衣时，忽然看见水里出现一个小碗那么大的绿桃，她就把绿桃捞起来吃掉了。没有料到的是，吃了绿桃不久后她就怀孕了。

经历种种艰辛，她终于生下一个儿子，取名为段赤城。段赤城长大后力大无比，爱打抱不平，是一个正直、勇敢的人。那时苍山的马耳峰出现了一条巨蟒，吞食人畜，危害乡亲。段赤城为了替乡亲们除害，就和几个伙伴商议好对策之后，请铁匠帮他打制了许多钢刀，绑在身上。然后手持宝剑去与巨蟒搏斗。巨蟒张开大嘴一吸，就把段赤城吸到肚子里去了。好在段赤城身上的刀剑十分锋利，刺破了蟒腹，巨蟒挣扎了一会儿，就死掉了，可是等人们赶来救段赤城时，剖开蟒腹，发现他已经没有呼吸了。人们就把蟒蛇和段赤城的尸体烧成灰，和上泥，制成砖，建了一座"蛇骨塔"，并把舍身救人的段赤城奉为该地本主，认为他是洱河龙王的化身，并把他的母亲也尊为"龙母"。

"仙都"洱河祠是绕三灵的最后一站，人们在此尽情狂欢后，就此结束为期三天的绕三灵。

如何庆祝绕三灵

## 如何庆祝绕三灵

绕三灵是白族最具民族特色的传统节日之一，既是祭拜本主、祈福求雨的宗教性节日，也是歌舞表演的狂欢节，还是白族的情人节。千百年来，人们遵循古老的习俗，从四面八方赶来，尽情歌舞，纵情狂欢，一年又一年，从未间断过。白族的服饰、食物、信仰、文化等生活中的方方面面，都在这个节日中得到了尽情地展示。我们看到的，不仅仅是眼前的风景，体验到的，也

| 白族女性服饰 |

不仅仅是热闹活动的氛围，而是大理和白族悠久的历史，是深厚的文化传统，是白族人民的生活缩影。

### 盛装游行

绕三灵期间，大理坝子各村寨的村民集队参加，一般以一村为一队，沿着统一的路线前往各"本主"庙，组成一个规模庞大的游行队伍。队伍中的白族民众纷纷换上美丽又独特的民族服饰，行走在苍山洱海之间，为这美丽的景色增添了一抹亮丽的色彩。

白族是一个崇尚白色的民族，这一点也体现在他们的服饰上。白族服饰以白色为尊，在大理地区，男性的对襟衣和包头，女性的衬衣、外衣、头饰上缀着的缨穗等大都是白色。服饰整体配色也以白色和其他浅色系为主，同时辅以深色，服装的总体色彩鲜艳明快。"白白月亮白姐姐，身上穿件漂白衣，脚上穿双白布鞋，披张白羊皮。"这首白族民歌

|白族服饰|

中的内容十分生动形象地描绘了白族服饰的特点。

由于生活在不同地域，各地白族人民的服饰在形制上有些差异，但总体上是相似的。生活在大理的白族男性通常在头上缠有包头，多为蓝色或白色，身穿白色的对襟上衣，外面套一件黑领马褂，下身穿着宽筒裤子，并系有腰带，腰带上还会装饰有许多拖须。这样的服饰装扮让白族的男子看上去敦厚英俊，洒脱大方。

一直以来被誉为"金花"的白族女性，她们的服饰更是绚丽多彩。女性上身穿白色的短衣，配红色的坎肩，或是浅蓝色上衣配黑色坎肩，坎肩的结纽处有时还挂上一些银饰。除此之外，女性的腰间还系有绣花的飘

｜白族传统服饰｜

带，除了各式花朵图案外，白族女性还喜欢在飘带上绣上蝴蝶、蜜蜂等动物图案。下身常穿蓝色的宽松裤子，脚上穿着被称作"白节鞋"的绣花鞋。未婚的白族少女爱将头发梳成辫子，有的还用红头绳缠绕着发辫下的花头巾，露出侧边飘动的雪白缨穗。如今，在大理，人们对白族姑娘的头饰赋予了美

好的新寓意，认为她们的头饰是"风花雪月"的代表：垂下的穗子是"风"，绣着的图案是"花"，白色的帽顶是"雪"，弯弯的造型是"月"，这个说法听上去十分浪漫且富有诗意，凸显了白族少女特有的风韵。

除了身穿本民族的节日盛装，参加绕三灵的人们还有两个非常明显的标志。第一个明显的标志是，他们头上戴着一顶插满鲜花、缀满彩球的草帽，样子非常惹人注目。另一个明显的标志是贴"太阳膏"，这是一种用纸做成的印有花朵图案的贴纸，形状像是散发着光芒的太阳。白族人民将风油精滴在太阳膏上，然后把它贴在太阳穴上，这样既能防止中暑，也是对太阳崇拜的一种

表现。男女老少戴着花帽和墨镜，贴着太阳膏，样子既怪异又可爱，这是只有在绕三灵期间才能看到的独特又靓丽的风景线。

## 祭拜本主

祭拜本主是绕三灵的中心环节，也是节日中最重要、最严肃的活动。三天的时间里，虔诚的白族人民在绕行途中只要遇到本主庙，就会进入庙内焚香敬拜，诵经祈祷。白族人民认为"绕三灵"是 71 个村的村民代表各自"本主"朝拜"神都"、祈求丰年的一种仪式，因此，节日期间，祭祀"神都"的仪式最为隆重。

请神是祭祀仪式的第一环节，人们首先要将"本主"从"天上"请到"人间"，好让神灵接受人们的朝拜、

倾听人们的愿望，并且和百姓们同乐。请神仪式过去由巫师主持，现在一般由白族中具有较高威望、受人尊敬的老者主持，这位老者需要熟知各类经文、对本主有虔诚的信仰。请神时，主持者要跪在神像面前，手里拿着点燃的香，嘴里不停地诵念着经文，请求本主从他居住的神灵世界来到人间。所请的不只是本主，还包括天上地下各路神灵。其他参与祭拜的人也要面对神像，跪在主持者的左右两边，跟随他一起诵念经文，手中还要不停地敲打木鱼。整个过程非常肃穆，表达了白族人民对"本主"和其他神灵的敬仰。

将"本主"请到"人间"后，白族群众纷纷上前祭拜

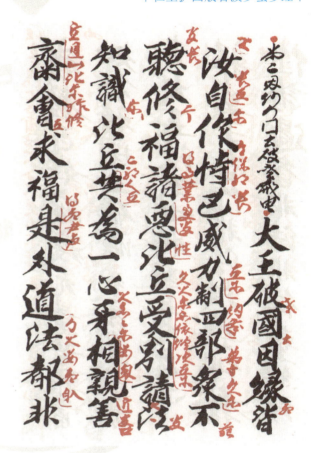

| 仁王护国般若波罗蜜多经 |

"本主"。祭拜的程序一般为燃放鞭炮、敬香、上表文、诵经、磕头。表文是在举行各种祭拜活动时，奉给所祭祀神祇的符表，一般是书写了人们心愿的黄纸，也有的

表文画有神像。表文的书写格式、文字编排都有着非常严格的要求，在内容上要求严谨地使用语言。在节日期间，有专人在各本主庙附近设摊，帮人们代写表文。人们常常在表文中写上祈求丰收、家宅平安、祛病除灾等愿望，在祭拜时敬献给神灵，希望神灵能够实现他们的愿望。可以说，表文是白族人民与"本主"沟通的桥梁。

诵念经文也是祭拜本主一个非常重要的环节，人们跪坐在神像前，大声地诵念经文，以此展示自己的虔诚，希望"本主"能被感动，继而赐福给他们。现在，这一环节有所弱化，大多数人都不再诵念经文，还坚持这一传统的多数是有信教传统的人。他们诵念的经文多种多样，既有佛教经文，也有与各"本主"相关的经文。

完成上表纸、诵经文这些步骤后，人们就向本主的神像磕头祈福，最后，献上

| 仁王护国般若波罗蜜多经 |

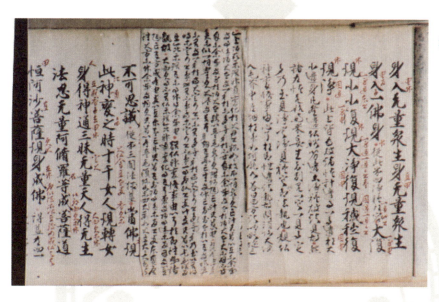

自家准备好的祭品，慰劳"本主"，感谢他对自己的护佑，并祈求他继续赐福。除了香火外，祭品大多数都是食物，而且非常丰盛，一般必备的有鱼肉、鸡肉，还要准备鸡蛋和茶酒、干那（一种白族的油炸食品）等。有的白族人家还会特意准备荤素两份食品，分别祭献一次。

献完祭品，祭拜"本主"的环节就结束了，之后就到了请"本主"观赏歌舞的时刻。人们演奏起各式乐器，唱起白族民歌，跳起霸王鞭舞，还有舞龙和舞狮的队伍前来助兴，让本主可以与大家一起感受节日的喜悦之情。

随着祭祀活动的进行，白族人民还会在各本主庙举办庙会，为前来参加活动的人们提供各种各样的商品。有祭祀时要用到的香火、表文，还有各式各样辟邪和祈福用的小物件，例如可以保佑五谷丰登的花串和用来辟邪的太阳膏。有很多摊位上还有给小孩儿穿的小花鞋、小衣服，父母和长辈们给自己家的孩子穿上这些衣服，以祝福他健康成长。

### 享受美食

祭祀"本主"时使用的祭品，食物占了很大的比例，心灵手巧的白族女性按照传统准备和制作这些食物，既

不能怠慢神灵，还要表达自己的心意。她们要为三天的游行准备充足的食物。庙会上也聚集了各式各样的小吃，豌豆粉、乳扇、饵丝，这些美味又独特的小吃，让人不禁要驻足品尝。因此，绕三灵也成为汇聚民族美食的重要节日。

### 1. 干那

"干那"是白语，在汉语中并没有与之相对应的称呼，是白族祭祀神灵和祖

白族食物

先时必不可少的一种食物。干那表面上看起来像我们平时所吃的虾片，但二者是完全不同的食物。干那是把蒸熟了的米饭加上五彩颜料不断搓揉，然后用擀面杖擀成长条薄片，再到阳光下晒干制成的。晒干后的干那又脆又薄，呈彩色的透明状，吃起来非常有质感，可以长期储存。由于制作过程较为烦琐耗时，白族妇女通常会一次做出很多干那，等到使用时再拿出一部分。现在，在市场上也可以买到制作好的干那。食用时，将它放入油锅中，等到膨胀变大时就马上捞出。干那并不是白族人民日常生活中的食物，只作为祭品出现在各类祭祀活动中，偶尔也会在祭祀活动结束后食用。人们相信，吃下奉献给神灵和祖先的干那，不仅能给自己带来福气与幸运，还有祛病消灾的作用。

### 2. 乳扇

乳扇是产于大理洱源的一种乳制品，是位于云南西北地区各民族经常食用的一种奶酪。公元 1253 年，忽必烈率领蒙古大军远征大理，定居在此的蒙古人将乳扇的制法传授给了当地的居民。这么多年过去了，乳扇早已融入白族人民的生活中，成为他们日常生活中最喜爱的食物之一。

制作乳扇时，要先准备好酸水。酸水是将酸木瓜加水煮沸后制得的。将酸水加至温热，倒入新鲜的牛奶，在酸和热的共同作用下，牛奶迅速凝固。这时迅速搅拌，使牛奶凝结为丝状凝块。然后把凝固了的牛奶块用竹筷夹出并用手揉成饼状，再拉

| 炸乳扇 |

扯成薄片状，两端分别卷到固定的架子上晾晒。晒干后取下，乳扇就制成了。

乳扇有很多种吃法，可以生食、油炸、烧烤。生的乳扇带有浓厚的奶香味，富有嚼劲，深受奶制品爱好者的喜爱。乳扇也可以切碎后加入甜茶中饮用。油炸乳扇是白族人家待客时常用的特色菜品，在祭祀时，它也常常作为祭品之一。油炸后的乳扇呈金黄色，酥脆可口，散发着诱人的香味，若是撒上白糖共同食用，则会更加香甜可口。大理古城中，随处可见卖烤乳扇的小摊，白族人民在烤乳扇时，常常会涂抹上玫瑰花酱一起食用，这种乳扇口感更加

|白族花茶饼|

软糯，味道也更香甜。

### 3. 三道茶

白族人民喜爱喝茶，茶水是他们日常生活中最常见的饮品。三道茶是白族人民招待宾客时的一种饮茶方式，是在白族传统烤茶的基础上发展起来的。它继承了白族传统的茶俗，又赋予了茶水独特的意义，集中反映了独具特色的白族茶文化。

三道茶第一道茶为苦茶，即传统的烤茶，是给宾客洗去一路艰辛并表示对客人的欢迎之情。烤茶时，先将水烧开，在一个陶制小罐中放入适量的茶叶，用文火将茶叶烤黄，再注入沸水，顿时热气翻腾，茶香四溢。这时，主人将茶水倒入茶杯中，每次只斟浅浅半杯，客人则要一饮而尽。这道茶味道醇厚苦涩，有提神醒脑、生津止渴的作用，同时寓意人生要敢于吃苦，只有吃尽苦中苦，方能实现自己的理想。第二道茶被称为"甜茶"。当客人喝完第一道茶后，主人重新用陶罐烤茶，并在茶杯中放入少许乳扇末、核桃仁、芝麻、红糖等配料。这道茶品尝起来香甜可口，有着先苦后甜、苦尽甘来的含义，同时也说明甜蜜的事业还需要辛勤耕耘。

第三道茶是回味茶，煮法与之前相同，只是在茶水中加入肉桂少许、花椒数粒、生姜数片、蜂蜜数滴、红糖少许。这杯茶喝起来苦中带有甘甜，甜中又带麻辣，各种味道交织在一起，令人回味无穷。这道茶寓意着对人生和事业要经常反思和回顾，以便开创更加美好的未来。

| 白族民居 |

| 白族民居 |

白族三道茶，作为一种饮食文化，富含"头苦、二甜、三回味"的人生哲理，显示出白族人民淡然处世的人生观和开阔的胸襟，已成为白族人民招待贵宾时的最高礼仪。在绕三灵期间，游行队伍沿途经过各村时，村民们会在自家门前设下香案迎接队伍，并用三道茶及各色糕点、糖果招待队伍。村民们认为，这样做可以给自己所在的村庄带来好运，保佑他们人丁兴旺。

绕三灵有哪些娱乐活动

## 绕三灵有哪些娱乐活动

白族人民平时就以多才多艺、能歌善舞著称，绕三灵身为歌舞表演的狂欢节，将白族人民这一点体现得淋漓尽致。白族人民不仅祭祀时要表演歌舞，游行时更是如此，丰富多彩的白族传统舞蹈与歌曲都得到了充分的展现，愉快的气氛一扫人们路途中的疲惫。弹起三弦，就拉开了狂欢的序幕，银苍玉洱间歌声此起彼伏，活泼热烈的舞蹈随处可见，每个人的脸上都洋溢着快乐的笑容。

### 花柳曲

花柳曲也叫作"大帛曲"，是白族特有的一种民间说唱曲艺，也是绕三灵游行过程中歌舞表演的重要组成部分。花柳曲有时也在其他节庆场合中演唱，但是这种情况非常少，通常人们只在绕三灵期间听到，因此，它也被称作"绕三灵调"。

在演唱花柳曲时，队伍

花柳曲表演

最前面要有两位"花柳树老人"，他们一只手抬着同一株柳枝，另一只手分别挥动牛尾、手巾，两人你一言、我一句，互相对答着，唱一句向前迈一步，不断重复着相同的动作，直到整首曲子唱完为止。

花柳曲涉及的题材十分广泛，表演者还常常即兴发挥，当场创作。在这种特殊的歌舞表演形式中，每个人既是演员，又是观众，唱词内容除了带有宗教色彩的传说以外，也有对过去事物的记述，还有极个别的曲子讲述个人经历和青年男女真挚的爱情。如《大理古景》这首曲子就描述了大理各地的风光，并叙述了一个流传在

| 苍洱毓秀 |

大理地区的古老传说。

这首曲子中的短短几段歌词，就把大理各地的名胜都叙述了一遍，还将观音与罗刹的故事穿插在其中。内容生动有趣，让人印象深刻。

《观音制伏罗刹》是在白族聚居地一个家喻户晓的古老民间传说。相传在许多年前，苍山洱海间出了一个恶魔，名叫"罗刹"。他可以变化出各种身形，还非常喜欢吃人的眼睛，在人们睡着后，他便偷偷地溜进村庄，把人们的眼睛挖出来吃了，这让当地百姓感到非常害怕和苦恼，但也想不出能够制伏他的办法。后来罗刹霸占了大理，自称"魔王"，并要求当地百姓定时献上童男童女的眼睛来给他吃，否则他就要动用自己的魔力，引来洪水淹没大理。

当时在大理有个慈祥正直的老人名叫张敬，受到众人的爱戴，常常好言劝说罗刹弃恶从善，可罗刹从来不听他的话。一天，有个年迈的僧人从外地来到大理，手里牵着一条黄狗，张敬看他的举止不像凡人，便把罗刹的事情告诉了他。僧人决定为民除害，便来到了一个叫上鸡邑的村子里，找到了一块石头在上面打坐，等待罗刹前来。不久，罗刹来了，要吃僧人的眼睛。僧人用他的禅杖敲了罗刹的头部三下，罗刹就变作了书生的样子。

僧人说："人的眼睛吃多了，就不能再变成人了。你吃了多少人的眼睛？"

罗刹说："我吃了九千

九百九十九双人的眼睛。"

僧人说："如果你再吃一双，就永世不能为人了。"

说着又拿禅杖敲了罗刹的头部三下，罗刹便从人形变回了原形。僧人用手挖出自己的双眼交给罗刹，罗刹感到非常惊讶，不敢吃僧人的眼睛。但是由于他太馋了，最后还是把僧人的眼睛吃掉了。失明的僧人对罗刹说："你试着再变成人形，看看可以吗？"

罗刹竭尽全力，可却再也变不成人形，他气得暴跳如雷。僧人慢慢地说道："只要你答应我一件事情，我可以让你再变成人。"

罗刹问是什么事。僧人说道："你要帮我找一个地方，这个地方要足够大，能让我的黄狗跳三跳、袈裟披一披、我能够参禅打坐。除此之外，你还必须请一个证人过来，当着他的面和我立下契约。"罗刹心想，黄狗跳三下，袈裟披一披，不会是很大的地方，便高兴地答应下来了。

于是僧人便请张敬老人和村中多位父老乡亲过来，在上鸡邑村的大石桌上签下契约，并订于农历三月十五日在苍山的和峰下面举行仪式。

到了那一天，村民们都赶过来观看。于是僧人便叫自己的黄狗跳了三下，黄狗从苍山一直跳到了洱海东面；接着老僧又将自己的袈裟脱下来往前面一披，袈裟从上关铺到了下关，整个大理再也没有剩余的地方。罗刹见自己失去了领地，便愤怒地咆哮起来，村民们被吓得四处逃散。

僧人对罗刹说："我们已经签署了契约，你不可以再反悔。我为你准备了一个合适的住所，那里有漂亮的亭台楼阁，还有丰盛的美味佳肴，味道要远远胜过人的眼睛。"接着僧人便带领罗刹来到莲花峰下面，将岩壁幻化作宫殿，让他住了进去；又将铁链变成粉条，将螺蛳变成人的眼睛，劝诱罗刹吃下这些东西。罗刹吃下这些东西后，僧人突然施法，将宫殿变回了岩壁，朝罗刹夹了过来。罗刹想要逃走，但是肚子里的螺蛳一下子变得有千斤重，让他挪不动步，同时，粉条变回了铁链，穿透了他的肚子，将他牢牢锁住。最终，无法动弹的罗刹

被锁在了石头中。

制伏罗刹后，僧人便向当地的百姓们讲解经文。五天后，他端正地坐在一块大石头上飞升了。僧人升天的时候，百姓们仰头看到的是身骑白象、手持杨柳枝和玉净瓶，左右还有两个童子侍奉着的观音大士，这时候人们才知道原来僧人是观音大士所化。于是众人纷纷跪在地上，叩拜这位用智慧为他们消除苦难的观音大士。

自唐代以来，佛教盛行，对白族的文化和历史产生了深远的影响。白族人民在短短的一首"花柳曲"里加入故事与传说，以一种娱乐的方式解释过去的历史，同时他们也用这种方式教育子孙后代，通过歌颂历史人物，让子孙后代学习其美好品

质，时时记得感恩。

当然，作为专在绕三灵时才唱的曲子，花柳曲中与绕三灵相关的内容自然不会少。

绕三灵三天要走四十多千米的路程，虽然路途遥远，但参与活动的白族人民却要一路歌唱，一路舞动，从洱海绕到苍山，再从苍山回到洱海，歌声从不停歇，要"一夜唱到大天明"，还要"唱尽人间欢乐歌"，人们都沉浸在歌声带来的喜悦之中。

## 霸王鞭舞

除了带有白族特色的歌谣以外，绕三灵时，最盛大、最具有观赏性的，就是白族特有的霸王鞭舞了。霸王鞭舞是一种由很多人一起完成的舞蹈，在重大的节日、庙会时白族人民都会跳。而每

年农历四月的绕三灵，霸王鞭舞蹈的规模和场面最为盛大，各村的男女老少都身着盛装，加入霸王鞭的歌舞队中，场面极其热闹。

霸王鞭其实是舞蹈所要使用的道具，因为最具特色和代表性，故以此命名。与它一起使用的，还有八角鼓和"双飞燕"（一种舞蹈道具）。跳舞时，三种道具要相互配合、协调变化、交替循环。一般情况下是男性舞者手持八角鼓，女性舞者舞动霸王鞭。有的女性舞者还会一手拿霸王鞭，一手持双飞燕，共同舞动。

"霸王鞭"这个名字听起来威风凛凛，但它的样子和生活中常见的鞭子有所不同，它的外形更像是一根棍子。它是用竹子做成的约一

米长的空心棍，人们在竹子上凿出几个孔，每一个孔里都放上几枚铜钱。舞动的时候便会发出清脆的声音，多人一起舞蹈时，声音更为响亮，所以被称为"霸王鞭"。而八角鼓则是用木条围成的具有八个角的鼓，与霸王鞭一样，制作八角鼓时每段木条的中间也要凿一个孔，将铜钱放进去。舞蹈时，人们拿着霸王鞭的中部，随着身体的动作挥舞，用霸王鞭两端碰肘、膝这些部位，并且摆出各种各样的图案。舞蹈热情、潇洒，既刚毅矫健，又婀娜多姿，跳到情绪高昂时，动作也会随着音乐节奏而变快，变得更加奔放热烈。舞蹈时，随着节拍的跳动、舞步的起落，霸王鞭也发出清脆悦耳的响声，非常具有感染力，为绕三灵带来了更加欢乐与喜庆的氛围。关于霸王鞭的来历，也有几个传说。

一个传说与前文提到的白王的三公主金姑有关。相传三公主回娘家后，白王赐予给女儿摇钱树、聚宝壶等

| 白族舞蹈 |

宝物，并派武士持大王鞭沿途护卫。队伍首领用"紧急鼓"传达号令，如果遇到坏人则以鼓号作警示。后来人们将这种形式传承下来，在接送三公主的时候，就举着竹制的霸王鞭成群结队地跳着舞。

另一个传说则是与之前提到的"爱民皇帝"段宗榜有关的。因为段宗榜生前为官清廉，体恤百姓，他在位时国泰民安。他死后，男女老幼都扶着竹制的丧棒去为他送葬奔丧，用木制的八角托盘祭献贡品，悬挂用大帛制成的幡旗来悼念他。从而发展为今天的绕三灵，人们赶庙会的时候，丧棒变成了霸王鞭，托盘变成了八角鼓，大帛转化成了花柳树。这几种形式的舞蹈也就一直流传

到现在。

最后一个传说讲述的是在三国时期，白族的先民与其他的部族发生了战争。白族的祖先们被打败了，于是就躲进了山林里。这时，有人提出了一个妙计，也有人说是诸葛亮为白族祖先们出的计谋。他们找来了很多竹子，在上面凿上孔，然后放进金属片，挥舞起来，金属碰撞发出了很大的响声，让敌人无法判断到底有多少白族先民藏在山林里。就这样，他们成功地击退了敌人。后人因为这件事，很受鼓舞，也非常感谢这种器具，因此，一到喜庆的日子，白族人民就一定要跳霸王鞭舞来纪念。

## 情人会

绕三灵最初形成于原始

社会末期，它的重要意义之一，便是为男女提供交往的机会，以促成婚姻，从而使

| 白族少女 |

人口得到增长。后来，在封建社会时期，由于父母包办婚姻的行为造成了很多爱情悲剧，而绕三灵则为这些被束缚的男女提供了一个解放天性的机会。在节日中，没有任何人和任何事能阻挠情侣们互相表达爱意、互吐相思之情，在三天的时间里他们可以尽情地享乐。这是白族人民一年中难得的真情流露和狂欢机会，因此，尽管千百年过去了，这一风俗却保留了下来。

现在的绕三灵依然是男女谈情说爱、表达情感的重要场合，它的各种活动也都是男女之间的一种互动。在没有现代科学技术的古代，人们通过祭拜神灵来祈求风调雨顺、五谷丰登。然而随着时代的发展，宗教色彩被

逐渐减弱，所以绕三灵也成为了一种具有春游性质的节日，这更加凸显了这个节日促进男女交往的作用。在节日的各种活动当中，聚集了各个年龄段的白族男女，人们趁着过节的机会，寻找自己的心上人，书写了一段段爱情佳话。因此，绕三灵也被认为是大理白族人民的情人节。

花柳曲中所涉及的最多内容，就是男女爱情方面的。青年男女们通过歌声传递出无尽的情意。

现在，白族"绕三灵"的独特性和重要性得到了越来越多的人的重视。它历史悠久，活动内容丰富，文化底蕴深厚，是白族人民纵情享乐、释放天性的"狂欢节"。

我们的生活日新月异，不断有旧事物消亡，也不断地有新事物诞生。绕三灵虽然是传统节日，但是从"逛

| 美丽的白族少女 |

桑林"到"绕山林",再到"绕三灵",我们可以看到,从它诞生至今,就一直处于变化之中,有的活动被渐渐遗忘,但也不断有其他活动加入进来,丰富着绕三灵的内容,才使得有着悠久历史的节日成为今天的模样。

绕三灵是白族人民非常重要的一个节日,传承发展至今,尽管形式和内容都有所改变,但千百年来不曾改变的是人们对于美好生活的向往。绕三灵寄托着白族人民生活在这片土地上的共同心愿,以及对他人和自己的美好祈愿,通过这个盛大的节日,深厚的文化积淀与优秀的精神传统交织在一起,薪火相传。

**图书在版编目（CIP）数据**

　白族绕三灵 / 马焓予，杨之海编著. — 哈尔滨：
黑龙江少年儿童出版社，2017.12（2021.8重印）
　（记住乡愁：留给孩子们的中国民俗文化 / 刘魁立
主编）
　ISBN 978-7-5319-5619-8

　Ⅰ. ①白… Ⅱ. ①马… ②杨… Ⅲ. ①白族－民族节
日－中国－青少年读物 Ⅳ. ①K892.1-49

　中国版本图书馆CIP数据核字(2017)第328158号

记住乡愁——留给孩子们的中国民俗文化　　　　　　刘魁立◎主编

白族绕三灵　BAIZU RAOSANLING　　　马焓予　杨之海◎编著

出 版 人：商　亮
项目策划：张立新　刘伟波
项目统筹：华　汉
责任编辑：唐　慧　张靖雯
整体设计：文思天纵
责任印制：李　妍　王　刚
出版发行：黑龙江少年儿童出版社
　　　　　（黑龙江省哈尔滨市南岗区宣庆小区8号楼 150090）
网　　址：www.lsbook.com.cn
经　　销：全国新华书店
印　　装：北京一鑫印务有限责任公司
开　　本：787 mm×1092 mm　1/16
印　　张：5
字　　数：50千
书　　号：ISBN 978-7-5319-5619-8
版　　次：2017年12月第1版
印　　次：2021年8月第3次印刷
定　　价：35.00元